허수아비야,
낟알을 지켜 주어서
고마워!

글 김인숙

충남 논산에서 태어나 대학교에서 영어영문학을 공부하였고,
지금은 어린이책 쓰는 일을 하고 있습니다.
그동안 <오천 년 지혜 담긴 건물 이야기>,
<엽기발랄 안다박사의 요건 몰랐지?>와 같은
어린이책을 썼으며, 어린이들이 재미있게 읽고
행복할 수 있는 글을 쓰기 위해 노력하고 있습니다.

그림 양서욱

청주에서 태어나 홍익대학교에서 서양화를 공부했습니다.
현재 프리랜서 일러스트레이터로 그림을 그리고 있습니다.
그동안 회화와 설치미술 작업을 주로 했으며,
대한민국 미술대전과 중앙미술대전에서 입상하기도 했습니다.
<마법의 숲에는 누가 살까?> 등에 그림을 그렸습니다.
지금은 어린이책에 그림을 그리며, 놀이미술을 연구하고 있습니다.

감수 엄안흠

한국교원대학교 생물교육과를 졸업하고
미국 캔사스주립대학교에서 생물학 박사 학위를 받았습니다.
현재는 한국교원대학교 생물교육과 교수로 재직하고 있습니다.
그동안 지은 책으로는 <균류생물학>, <선인장>, <콩> 등이 있습니다.

식물 · 쌀과 벼 16 나는 맛있는 쌀

김인숙 글 · 양서욱 그림 · 엄안흠 감수
펴낸곳 (주)아람키즈 | 펴낸이 이소영 | 주소 서울특별시 성동구 성수이로 147, 아이에스비즈타워 2F
고객센터 1644-4521 | 팩스 02-468-5548 | 홈페이지 www.aramkids.co.kr | 출판등록 제2020-000011호
기획 · 편집 · 디자인 (주)아람키즈 하늘땅
ISBN 979-11-6543-525-7 979-11-6543-574-5(세트)

• 눈을 편안하게 해 주는 친환경 식물성 원료인 콩기름 잉크로 인쇄하였습니다.
⚠ 책 모서리가 날카로워 다칠 수 있으니 사람을 향해 던지거나 떨어뜨리지 마십시오.
⚠ 종이에 베이거나 긁힐 수 있으므로 주의해 주십시오.

나는 맛있는 쌀

김인숙 글 · 양서욱 그림 · 엄안흠 감수

아람키즈

김밥, 주먹밥, 유부초밥, 볶음밥.

이것저것 넣어서

꼭꼭 뭉치고 돌돌 말아도,

맛있는 쌀이 없으면 안 돼.

꼭꼭 뭉친 주먹밥
달달 볶은 볶음밥
유부로 싼 유부초밥
돌돌 말은 김밥

팥을 얹은 시루떡

소를 넣은 송편

길게 뽑은 가래떡

콩가루 묻힌 인절미

시루떡, 송편, 가래떡, 인절미.
이것저것 넣어서
꾹꾹 뭉치고 쭉쭉 뽑아도,
맛있는 쌀이 없으면 안 돼.

소는 송편이나 만두를 만들 때, 맛을 내기 위해 속에 넣는 여러 가지 재료예요.

쌀은 껍질을 벗기기 전엔 **낟알**[*]이고,
낟알이 되기 전엔 **벼**[*]이고,
벼가 되기 전엔 작은 **볍씨**[*]지.

이게 볍씨야.
이걸 물에 담가서 싹을 틔우고,
싹이 난 볍씨를 모판에 뿌려.
모판에서 자란 잎과 뿌리가
바로 벼야.

어린 벼를 ‘모’라고 하는데, 예전에는 논 한쪽에 못자리를 만들어 모를 키웠어요.

어린 벼가 자라서 혼자 설 수 있게 되면
몇 포기씩 나누어 넓은 논에 심어.
모내기[*]를 하는 거야.

사람들이 힘을 모아 넓은 논에 어린 벼를 옮겨 심는 것을 '모내기'라고 해요. 하지만 요즘에는 기계로 모내기를 해요.

벼를 심은 논에는 식구들이 많아져.

소금쟁이[*], 미꾸라지[*], 거머리[*], 우렁이[*].

물 위에서 쌩쌩, 물속에서 휙휙, 바닥에서 쓰윽.

재미나게 살아가지.

그런데 귀찮은 풀들도 여기저기 올라와.

여기서 쏙 줄기를 뻗고,
저기서 쏙 뿌리를 뻗어.

부지런한 농부가 가만둘 리 없지.
풀이 있으면 벼가 잘 자라지 못하거든.
한여름 땡볕 아래 굵은 땀을 흘리며
농부 아저씨가 풀을 뽑아.

논이나 밭에 난 풀을 뽑아 주는 일을 '김매기'라고 해요.

따가운 햇볕 받고, 다디단 논물 먹고,
벼가 하얀 꽃을 피워.

하루도 아니고, 두어 시간 피었다 지지.
속이 비어 있던 **이삭***은
이제부터 살이 차오를 거야.

여름 지나 가을 오면 이삭이 여물어 가.

껍질 속에 알이 차서 자꾸자꾸 무거워져.
이삭 달린 줄기는 허리가 휠 판이야.
비바람이 몰아쳐도 온몸으로 버티어 이삭을
지켜 내지.

가을이 깊어지면
넓은 들판은 황금빛 옷을 입어.
참새들도 날아와 **허수아비*** 어디 있나 살펴보고,
눈치껏 재주껏 낟알을 콕콕 쪼아 먹지.

농부들은 구름 한 점 없는 맑은 날 벼를 베.
낟알은 낟알대로 자루에 담고,
볏짚은 볏짚대로 꽁꽁 묶어.
이제 들판에는 텅 빈 논만 남게 될 거야.

예전에는 사람이 낫으로 벼를 베어 볏단을 묶은 후 기계로 낟알을 털었어요. 하지만 요즘에는 벼 베는 기계가 벼를 베면서 동시에 낟알을 털어요. 낟알은 자루에 담고, 볏짚은 잘 말려 소먹이로 쓰지요.

쌀이 어디 있냐고?
그야 밥상 위로 올라오지.
햇볕에 잘 말린 낟알을 찧어 껍질을 벗기고,
물 붓고 **뜸*** 들여 밥을 짓지.

나는 맛있는 쌀!

쌀밥, 송편, 식혜, 초밥.
모양은 달라도 이것저것 넣어도
모두 쌀로 만든 거야.

쌀과 잡곡

우리는 매일 밥을 먹어요.
쌀밥도 먹고, 보리밥도 먹고,
콩밥도 먹지요. 쌀은 우리나라에서만
먹는 것이 아니에요.
가까운 일본과 중국뿐 아니라
많은 나라에서 주식으로 먹고 있어요.

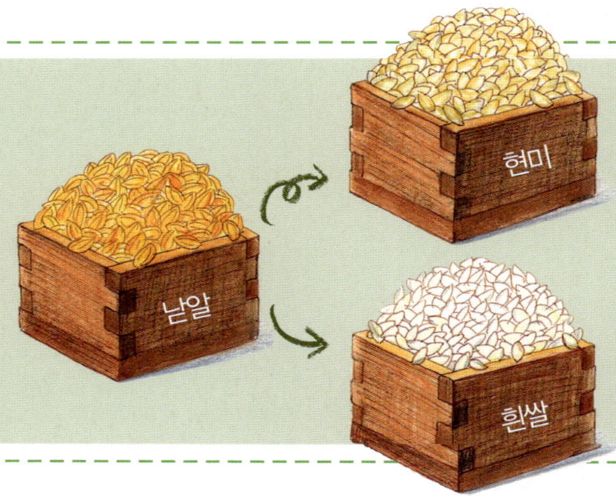

현미: 벼의 겉껍질인 왕겨만 벗겨 낸 쌀이에요. 색깔이 누렇지요.

흰쌀: 벼의 겉껍질인 왕겨와 속껍질인 쌀겨까지 벗겨 낸 쌀이에요.

쌀의 종류

멥쌀

멥쌀은 우리가 흔히 밥을 지어 먹는 쌀이에요.

찹쌀

끈기가 많아 찰떡, 인절미, 경단 같은 떡을 할 때 많이 써요.

잡곡의 종류

보리

밥을 짓기도 하고, 차를 끓여 마시기도 해요.

검은콩

콩밥이나 콩자반을 해 먹고, 볶으면 고소한 맛이 나요.

팥

팥을 삶아 팥빙수를 해 먹거나 팥죽을 쑤어 먹지요.

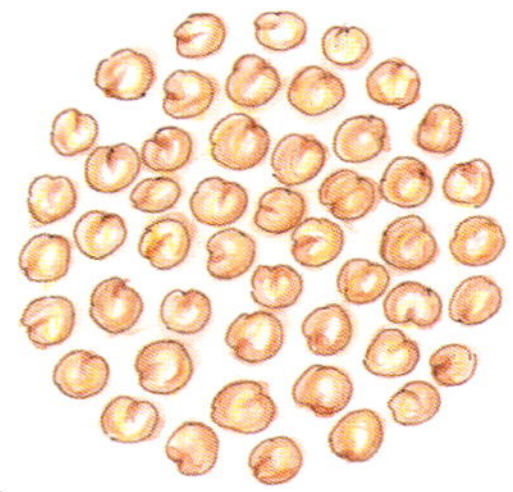

수수

옛날부터 아이의 생일에는 수수로 떡을 해 먹었어요.

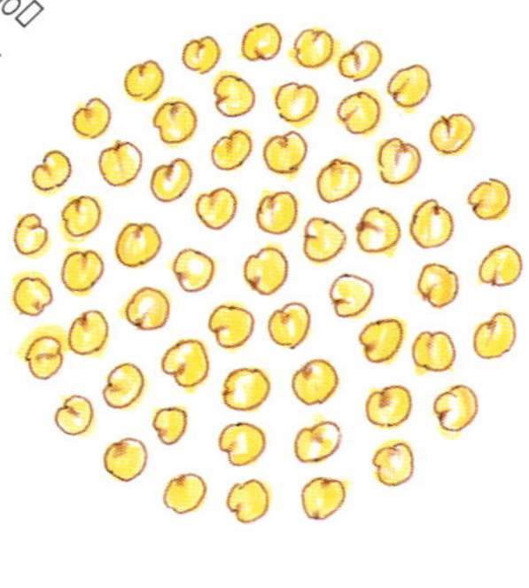

좁쌀

좁쌀은 쌀과 함께 섞어 밥을 하고, 엿이나 떡 등을 만들 때도 쓰여요.

신나는 과학놀이

문제 다음 중 볍씨에서 쌀을 얻기까지의 과정을 순서대로 나열한 것은 어느 것일까요?

1

2

3

4

정답은? 1 2 3 4

정답: 1